AF562587

NOTICE HISTORIQUE

SUR

M. THIERRY,

PHARMACIEN, MEMBRE DE LA SOCIÉTÉ ROYALE D'AGRICULTURE ET DE COMMERCE DE CAEN, DE L'ACADÉMIE DES SCIENCES, ARTS ET BELLES-LETTRES, MEMBRE DU CONSEIL MUNICIPAL, DU JURY MÉDICAL, DE LA CHAMBRE CONSULTATIVE, JUGE AU TRIBUNAL DE COMMERCE DE LA MÊME VILLE, etc.

PAR M. J. V. F. LAMOUROUX, D. E. S.,

Professeur d'Histoire naturelle, Membre de la Société royale d'Agriculture et de Commerce de Caen, Correspondant de l'Institut royal de France, Membre ou Correspondant de plusieurs autres Sociétés savantes.

CAEN,

DE L'IMPRIMERIE DE F. POISSON, RUE FROIDE.

1824.

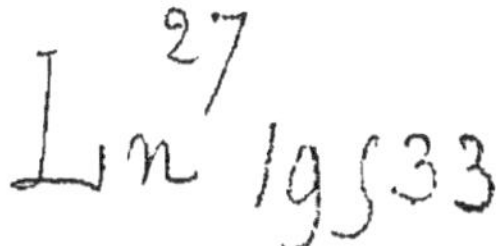

NOTICE HISTORIQUE

SUR

M. THIERRY,

LUE A LA SOCIÉTÉ ROYALE D'AGRICULTURE ET DE COMMERCE DE CAEN, DANS SA SÉANCE DU 18 JUIN 1824.

MESSIEURS,

S'IL est une tâche en même temps douce et pénible à remplir, c'est celle de faire l'éloge d'un homme de bien que l'on a connu et dont on déplore la perte. On aime à lui payer le tribut d'estime qui lui est dû; on se plaît à rappeler le souvenir de ses vertus, de ses talens, de l'aménité de son caractère, du charme de son commerce; mais à ces idées agréables vient se joindre l'idée que l'on en est privé, le cœur attristé se resserre, et l'on sent plus vivement le prix d'un mérite dont il n'est plus permis de jouir.

Cependant, comme le tableau d'une vie irréprochable est la plus utile leçon que l'on puisse présenter aux hommes, on doit s'empresser de recueillir les actions honorables de ceux qui ne sont plus, pour l'instruction de ceux qui doivent les suivre. Leur conduite est une école où l'ame se fortifie, où les sentimens s'épurent, où chacun peut lire ses devoirs et affermir ses principes ; et c'est ainsi que l'exemple d'un homme vertueux sert à en former d'autres. Ces vérités sont incontestables, et il n'est personne qui ne trouve à en faire l'application dans la vie de M. THIERRY, que vous m'avez chargé de vous retracer.

Jacques-Pierre-François THIERRY reçut le jour à Repentigny, dans l'arrondissement de Pont-l'Évêque, le 30 novembre 1747. Sa famille, qui possédait, depuis plusieurs générations, des propriétés dans cette partie du département, y a toujours joui d'une juste considération. Quelques-uns de ses ancêtres se sont distingués dans la carrière des armes. Un de ses oncles paternels embrassa l'état monastique à l'abbaye de St.-Étienne de Caen. Un autre, Jacques-Pierre Thierry, a exercé honorablement la pharmacie dans cette même ville.

M. THIERRY naquit le second de six enfans ; il eut deux sœurs et trois frères. L'aîné des fils choisit la profession de cultivateur ; le troisième, après avoir fait avec distinction ses études en médecine, prit l'habit ecclésiastique ; le quatrième, se sentant appelé au même état, se consacra également au ministère des autels.

M. Thierry reçut sa première éducation dans la maison paternelle. Sous les yeux d'une mère éclairée et vertueuse, sa raison se développa de bonne heure, et son cœur se forma aux bons sentimens dont on lui donnait sans cesse le précepte et l'exemple. Il suça, pour ainsi dire, avec le lait, ces principes de religion et ces règles de sagesse qui dirigèrent, dans la suite, toutes les actions de sa vie. Lorsqu'on le crut capable de recevoir d'autres leçons, il ne fut point obligé d'aller les chercher loin de ses parens; la Providence lui avait ménagé une ressource précieuse dans un oncle fort instruit, qui voulut bien lui servir de maître. Ce second père lui tint lieu de celui qu'il avait perdu; il avait beaucoup voyagé, et joignait à la connaissance de plusieurs langues étrangères, une foule de notions sur l'état physique et sur les productions des pays qu'il avait parcourus. Il s'en entretenait souvent avec son élève, que ces détails intéressaient vivement; mais ce qui n'aurait été qu'un pur objet d'amusement pour un esprit ordinaire, fit naître, dans le jeune Thierry, un goût décidé pour l'histoire naturelle.

Sa mère, femme d'un jugement solide, voulut mettre à profit ces heureuses dispositions ; elle sentit qu'il n'y avait que le séjour d'une ville qui pût procurer à son fils les secours nécessaires à son instruction ; et, pour ne point trop l'éloigner d'elle, elle le fit conduire à Caen, où il retrouva, dans un oncle paternel qui y était établi pharmacien depuis 1723, tous les soins et toute la tendresse d'un père. Les occupations de cette profession, qui ont des rapports continuels avec les sciences naturelles, favorisèrent le penchant du jeune Thierry, et donnèrent à ses études une direction utile, qui les rendit bien préférables à de simples recherches spéculatives. C'est là qu'il fit le premier apprentissage de cet art difficile, qui exige autant de prudence que de talent, autant de délicatesse que de lumières, et que l'on n'exerce comme il l'a fait qu'en unissant à une science consommée la probité la plus scrupuleuse. Après avoir appris à connaître et à préparer les diverses substances que la médecine emploie dans la guérison des maladies, il se rendit à Paris pour y acquérir les connaissances théoriques, qui sont la base de la pharmacie, et sans lesquelles elle dégénère en une aveugle routine.

Arrivé dans la capitale, M. Thierry se livra tout entier au genre d'études qui devait le mettre en état de remplir d'une manière distinguée la profession à laquelle il se destinait. Tout en continuant de s'occuper des préparations pharmaceutiques, il s'appliqua à rechercher les principes auxquels elles sont soumises, et les phénomènes qui les accompagnent. Il fréquenta les cours des plus habiles professeurs, qui n'eurent qu'à se louer de son intelligence et de son assiduité. Le fameux Rouelle, sous lequel il étudia la chimie, le distingua de ses nombreux élèves, et lui donna des marques particulières d'estime et d'amitié. Lorsqu'il eut acquis l'instruction nécessaire, il revint dans sa famille, et succéda peu de temps après à son oncle, dans son importante pharmacie.

Ce fut en 1772, et M. Thierry venait d'entrer dans sa 25e. année. Malgré sa jeunesse, il ne se sentit point effrayé du poids dont il se chargeait, et il prouva bientôt que ce poids n'était point au-dessus de ses forces. Non-seulement il hérita de toute la confiance dont avait joui son oncle, mais encore il sut l'augmenter par son exactitude, par sa prudence, et surtout par un désintéressement qui ne s'est jamais démenti. Il montra dès les premières années une maturité peu commune à son âge ; et l'expérience, qui, chez la plupart des hommes, n'est que le fruit tardif du temps et de la réflexion, parut en lui une qualité naturelle. Aussi ne tarda-t-il point à recevoir le prix qu'il devait en attendre ; dès l'année 1773, le duc de Penthièvre lui conféra le titre de pharmacien de l'amirauté, dont son oncle avait été honoré depuis 1749 jusqu'à sa mort.

Il y avait trois ans que M. Thierry exerçait la pharmacie, lorsqu'il crut que le moment était venu de joindre sa destinée à celle d'une autre personne ; il chercha une épouse, et la trouva dans sa famille. Le bonheur dont il a joui pendant près d'un demi-siècle, démontre la prudence de son choix, et les regrets de son épouse attestent encore aujourd'hui la solidité de leur mutuel attachement.

La considération bien méritée dont M. Thierry était en possession ne faisait que s'accroître de jour en jour. Il fut nommé pharmacien des prisons en 1779, et juge au consulat vers 1782. Deux ans après, le duc de Coigny lui donna le titre de pharmacien de la ville et du château de Caen, dont il était gouverneur ; et, en 1788, M. Thierry y joignit celui d'officier de l'Université.

Mais je suis obligé, Messieurs, de revenir un peu sur mes pas, pour vous rappeler un événement qui fournit à notre collègue l'occasion de montrer toute la générosité de son caractère, son courage et son dévouement pour le soulagement de la classe indigente. Vous n'ignorez pas, et même plusieurs d'entre vous doivent en conserver encore le souvenir, que, lorsqu'on creusa le nouveau canal de l'Orne, en 1781, il en sortit des émanations pestilentielles que le vent de nord porta sur le faubourg de Vaucelles; elles y occasionnèrent des fièvres épidémiques très-meurtrières. Des personnes de tout âge et de tous les états en furent atteintes; elles enlevèrent des familles entières, surtout parmi les pauvres du quartier de St^{e}.-Paix. Pour arrêter les progrès du mal, M. Esmangart, alors intendant de la généralité de Caen, nomma une commission composée de MM. Thierry, Demoueux et de France; elle entra sur le champ en exercice, et, dès ce moment, les secours de toute espèce furent prodigués aux malades. M. Thierry n'épargna ni soins, ni dépenses pour les soulager; rien ne lui coûtait, rien n'était au-dessous de lui de ce qui pouvait leur être utile; oubliant ses propres intérêts, il ne craignait point d'exposer sa santé, sa vie même, pour secourir les tristes victimes de la contagion. Tous les matins, il visitait leur asile avec ses collègues ; et, par le zèle qu'ils déployèrent en commun dans cette circonstance, ils parvinrent à concentrer l'épidémie dans une partie du faubourg de Vaucelles. Plus heureux que les religieuses du Bon-Sauveur, qui les imitaient dans leur dangereuse mission, ils échappèrent à la contagion, tandis que plusieurs de ces femmes courageuses périrent victimes de leur dévouement. Qu'il me soit permis, Messieurs, de citer ici les noms si dignes de la reconnaissance publique, des sœurs Lecouvreur, de la Fontaine et Piquenot.

L'estime et la confiance dont M. Thierry jouissait auprès de toutes les administrations, lui fit ajouter aux titres qu'il possédait déjà, celui de pharmacien de la généralité de Caen, des hospices de cette ville, de la maison de Beaulieu et des hôpitaux de Cherbourg. Ces différentes relations, en donnant plus d'extension à son commerce, lui fournissaient aussi plus de moyens de suivre les vues généreuses de son cœur. L'indigence était à ses yeux un motif de plus pour recevoir les secours nécessaires au rétablissement de la santé, et les pauvres de sa paroisse ont toujours trouvé gratuitement, dans sa pharmacie, tous les médicamens dont ils avaient besoin.

Telle fut, Messieurs, la conduite de M. Thierry jusqu'à l'époque où les orages révolutionnaires, qui ont si long-temps désolé la France, vinrent troubler la tranquillité et le bonheur de sa vie. Sincèrement attaché aux principes monarchiques, il ne put voir sans horreur l'autorité souveraine méconnue et avilie, le trône renversé, et la race de nos rois bannie d'un pays qu'elle gouvernait depuis près de neuf siècles avec non moins de justice que de gloire. Il déplorait en silence les malheurs de sa patrie, et bientôt après il les vit peser sur sa tête.

Dès le commencement de la révolution, M. Thierry avait été nommé membre du conseil municipal de la ville de Caen. Il employa avec ceux de ses collègues qui partageaient son opinion, l'influence que cette fonction lui donnait pour diminuer, autant qu'il était en lui, le désordre et les maux que le torrent de l'anarchie traînait à sa suite. Il s'occupa surtout de la classe indigente, et ce fut à ses instances qu'on dut l'ensemencement en pommes de terre d'une assez grande surface des bords du grand canal de l'Orne. Le produit devait en être vendu, et l'argent distribué aux pauvres ; mais, avant qu'ils pusssent recueillir le fruit de tant de soins, M. Thierry, dont les opinions politiques avaient donné de l'ombrage aux agents de la révolution, fut obligé d'abandonner ses foyers pour se soustraire à l'effet d'un mandat d'arrêt lancé contre lui.

Quoique éloigné de son domicile, il était toujours sous le poids de ce mandat : il lui aurait été impossible de s'y soustraire, tant la surveillance de la police était alors sévère ; la terreur étouffait l'humanité, et l'on ne donnait qu'en tremblant un asile momentané au parent, à l'ami que des lois sanguinaires poursuivaient. A l'aide de quelques protections, M. Thierry échappa à ce danger en entrant au service des hôpitaux militaires comme pharmacien de 3e. classe. Il dut à cette nouvelle fonction le bonheur d'être libre ; mais ce ne fut qu'au moyen de sacrifices pécuniaires qu'il put conserver cette place, sans avoir un certificat de civisme que l'on exigeait alors avec la dernière rigueur.

L'adversité ne changea point le caractère de M. Thierry ; il se montra toujours humain, sensible, généreux, prêt à tout sacrifier pour sauver les malheureux ; un seul trait, Messieurs, vous en donnera la preuve : Les religieuses d'une communauté vendéenne sont condamnées à mort et doivent être fusillées ; elles marchent au supplice ; toutes sont frappées à la fois et tombent sans vie, à la réserve d'une seule grièvement blessée, mais qui donne encore quelques signes d'existence. Abandonnée, privée de secours, elle n'eût pas tardé à périr dans les angoisses de la douleur. Personne n'osait la secourir, tant la terreur avait glacé les cœurs à cette époque désastreuse. M. Thierry, informé de son état, et oubliant le danger auquel il s'exposait, la fait transporter à l'hôpital, et lui prodigue tous les soins qu'exige sa situation, jusqu'au moment qu'elle fut rétablie.

Lorsque les événemens du 9 thermidor eurent rendu un peu de calme à la France, et brisé la hache révolutionnaire, M. Thierry revint dans sa famille, reprit ses travaux accoutumés, et avec eux le désir de l'instruction qu'avait suspendu le séjour des camps. L'Université n'existait plus, l'Académie était dispersée, les liens de la société étaient rompus, chacun vivait isolé, lisait, étudiait, observait ;

mais, faute de communication, faisait peu de progrès. Pour réveiller le goût des sciences qui languissait depuis si long-temps, et qui peut-être aurait fini par s'éteindre, M. THIERRY obtint des autorités la permission de réunir le soir, dans sa maison, quelques amis, des personnes instruites, animées du même zèle. Plusieurs des membres de cette petite académie ne sont plus; d'autres existent encore et font l'ornement des sociétés savantes de cette ville. Ce serait à eux de nous faire connaître ces intéressantes réunions. M. Demoueux y entretenait ses auditeurs des diverses branches de l'histoire naturelle; MM. Joseph et Gabriel Chibourg, de leurs observations sur les variations de l'atmosphère; M. Bouisset, de la littérature ancienne et moderne; M. Cailly, de l'histoire des premiers âges du monde; MM. Deschamps, Hersan et Dubreuil, des maladies régnantes, etc. L'on oubliait la révolution et les dangers que l'on avait courus; chacun s'empressait de payer son tribut; le temps s'écoulait avec rapidité, et l'on se disait en se retirant: « J'ai appris quelque chose que » j'ignorais. » L'aménité de M. THIERRY ajoutait un charme particulier à ces réunions: je ne puis en parler, Messieurs, que d'après le récit de ceux qui en faisaient partie, qui les regrettent encore, et qui se plaisent à les rappeler à leur souvenir.

La France, après avoir vu se succéder, dans le court espace de dix ans, cinq ou six espèces de gouvernemens, commença, dans les premières années de ce siècle, à jouir d'un peu de repos; avec la tranquillité intérieure revint le goût des sciences; bientôt l'empire fut heureusement remplacé par le gouvernement paternel de nos légitimes souverains, les Bourbons furent rendus à la France, qui les appelait de tous ses vœux. Les institutions utiles prirent plus de force, et M. Thierry, conservant les places qu'il devait à son mérite personnel, obtint encore celles auxquelles ses sentimens monarchiques lui donnaient le droit d'aspirer. Il fut nommé membre du conseil municipal dès le moment de sa nouvelle formation, du collége électoral du département, du jury médical, juge au tribunal de commerce, et membre de la chambre consultative.

Lorsque l'Académie des sciences, arts et belles-lettres prit la place de l'Académie des belles-lettres, supprimée au commencement de la révolution, M. Thierry fit partie du noyau de cette compagnie, une des premières de la France, qui compte parmi ses correspondans les noms des hommes les plus savans; et ce qui doit, Messieurs, vous intéresser davantage, c'est que ce fut lui qui, profitant d'un séjour momentané que fit à Caen le célèbre Fourcroy, en qualité de commissaire du gouvernement, provoqua le rétablissement de l'ancienne société d'agriculture. Ces deux compagnies l'ont appelé l'une et l'autre à l'honneur de les présider.

La maison de M. Thierry fut toujours le rendez-vous des savans, des hommes de lettres et des artistes distingués qui ont visité cette ville. Parmi ceux dont il a reçu des marques signalées d'estime, de considération et d'amitié, je dois principalement citer l'éloquent chimiste dont je viens de parler, et votre compatriote, le célèbre et modeste Vauquelin.

Il est rare de voir un bonheur durable; celui de M. Thierry fut altéré par les pertes les plus sensibles, qu'il éprouva dans sa famille. L'épouse de son fils aîné fut enlevée après une courte maladie, et, peu de temps après, il vit descendre au tombeau son second fils, jeune magistrat dont la mort prématurée excite encore aujourd'hui les larmes d'une mère inconsolable, et les regrets d'un frère dont il était tendrement aimé.

J'aurais eu trop à faire, Messieurs, s'il eût fallu vous rappeler toutes les actions honorables, tous les traits de dévouement et de générosité qui ont rempli la vie de notre confrère. Il en est beaucoup d'ailleurs qui n'eurent pour témoins que ceux qui en étaient l'objet. Mais ce que l'on en sait suffit pour le placer au rang des amis les plus sincères de l'humanité. Toujours prêt à faire des sacrifices pour encourager les entreprises qu'il croyait utiles à son pays, il fut un des actionnaires d'une brillante fabrique de porcelaine, dont les produits rivalisaient avec ceux de Sèvres et de Paris. Pendant la révolution, il rétablit à ses frais la pharmacie de l'Hôtel-Dieu; il fit réparer de même le presbytère de Repentigny; il contribua au dispensaire des pauvres de la ville de Caen; il fut, au conseil municipal, un des premiers qui souscrivirent pour le monument que cette cité fidèle a fait élever au duc de Berri, et qui adoptèrent la proposition de rendre à l'enfant royal, que Dieu a donné à la France éplorée, l'antique et superbe demeure de François Ier., qu'un reste de vandalisme révolutionnaire menaçait d'une prochaine destruction.

Tel a été, Messieurs, le confrère que la

mort nous enleva le 12 mars 1823, à l'âge de 76 ans. Plusieurs membres des autorités de cette ville, les sociétés savantes et un grand nombre de citoyens de toutes les classes honorèrent ses funérailles de leur présence, et rendirent à sa mémoire l'hommage tout à la fois le plus flatteur et le moins équivoque des sentimens d'estime, de considération et d'amitié, dont ils étaient pénétrés pour M. THIERRY.

La Société royale d'agriculture et de commerce de Caen a arrêté, dans sa séance du 18 juin 1824, qu'une Notice historique sur M. J. P. F. THIERRY, par M. LAMOUROUX, serait imprimée à ses frais et insérée dans le Recueil de ses Mémoires.

Pour extrait conforme au procès-verbal,

P. A. LAIR, Secrétaire.

www.ingramcontent.com/pod-product-compliance
Lightning Source LLC
LaVergne TN
LVHW010317230826
846091LV00009B/3702

* 9 7 8 2 0 1 9 2 8 1 0 6 9 *